DOTTRINA DEL FASCISMO

BENITO MUSSOLINI

INDICE

PREFAZIONE DEL REDATTORE

La prima parte dell'opera, le idee fondamentali del Fascismo, fu scritta per mano del filosofo Giovanni Gentile, già ministro dell'istruzione nel governo Mussolini (sua fu l'omonima riforma dell'istruzione scolastica, resa obbligatoria fino a 14 anni d'età) e iscritto al Partito Nazionale Fascista. Il linguaggio è quello di un letterato, e analizza in maniera profonda il Fascismo, esprimendo l'idea nei suoi principi fondamentali.

La seconda parte dell'opera, la dottrina politica e sociale, scritta di pugno da Benito Mussolini, ha un linguaggio più diretto che mette continuamente a confronto società, nazioni, idee e sistemi politici ed economici dei secoli precedenti e del XX secolo con il nascente Fascismo; spiega un nuovo concetto di Stato-Individuo e la responsabilità di questo nell'evoluzione e nella elevazione dell'uomo.

Buona lettura.

IDEE FONDAMENTALI

I

Come ogni salda concezione politica, il fascismo è prassi ed è pensiero, azione a cui è immanente una dottrina, e dottrina che, sorgendo da un dato sistema di forze storiche, vi resta inserita e vi opera dal di dentro. Ha quindi una forma correlativa alle contingenze di luogo e di tempo, ma ha insieme un contenuto ideale che la eleva a formula di verità nella storia superiore del pensiero. Non si agisce spiritualmente nel mondo come volontà umana dominatrice di volontà senza un concetto della realtà transeunte e particolare su cui bisogna agire, e della realtà permanente e universale in cui la prima ha il suo essere e la sua vita. Per conoscere gli uomini bisogna conoscere l'uomo; e per conoscere l'uomo bisogna conoscere la realtà e le sue leggi. Non c'è concetto dello stato che non sia fondamentalmente concetto della vita: filosofia o intuizione, sistema di idee che si svolge in una costruzione logica o si raccoglie in una visione o in una fede, ma è sempre, almeno virtualmente, una concezione organica del mondo.

II

Così il fascismo non si intenderebbe in molti dei suoi atteggiamenti pratici, come organizzazione di partito, come sistema di educazione, come disciplina, se non si guardasse alla luce del suo modo generale di concepire la vita. Modo spiritualistico. Il mondo per il fascismo non è questo mondo materiale che appare alla superficie, in cui l'uomo è un individuo separato da tutti gli altri e per sé stante, ed è governato da una legge naturale, che istintivamente lo trae a vivere una vita di piacere egoistico e momentaneo. L'uomo del fascismo è individuo che è nazione e patria, legge morale che stringe insieme individui e generazioni in una tradizione e in una missione, che sopprime l'istinto della vita chiusa nel breve giro del piacere per instaurare nel dovere una vita superiore libera da limiti di tempo e di spazio: una vita in cui l'individuo, attraverso l'abnegazione di sé, il sacrificio dei suoi interessi privati, la stessa morte, realizza quell'esistenza tutta spirituale in cui è il suo valore di uomo.

III

Dunque concezione spiritualistica, sorta anche essa dalla generale reazione del secolo contro il fiacco e materialistico positivismo dell'Ottocento. Antipositivistica, ma positiva: non scettica, né agnostica, né pessimistica, né passivamente ottimistica, come sono in generale le dottrine (tutte negative) che pongono il centro della vita fuori dell'uomo, che con la sua libera volontà può e deve crearsi il suo mondo. Il fascismo vuole l'uomo attivo e impegnato nell'azione con tutte le sue energie: lo vuole virilmente consapevole delle difficoltà che ci sono, e pronto ad affrontarle. Concepisce la vita come lotta pensando che spetti all'uomo conquistarsi quella che sia veramente degna di lui, creando prima di tutto in se stesso lo strumento (fisico, morale, intellettuale) per edificarla. Così per l'individuo singolo, così per la nazione, così per l'umanità. Quindi l'alto valore della cultura in tutte le sue forme (arte, religione, scienza) e l'importanza grandissima dell'educazione. Quindi anche il valore essenziale del lavoro, con cui l'uomo vince la natura e crea il mondo umano (economico, politico, morale, intellettuale).

IV

Questa concezione positiva della vita è evidentemente una concezione etica. E investe tutta la realtà, nonché l'attività umana che la signoreggia. Nessuna azione sottratta al giudizio morale; niente al mondo che si possa spogliare del valore che a tutto compete in ordine ai fini morali. La vita perciò quale la concepisce il fascista è seria, austera, religiosa: tutta librata in un mondo sorretto dalle forze morali e responsabili dello spirito. Il fascista disdegna la vita «comoda».

V

Il fascismo è una concezione religiosa, in cui l'uomo è visto nel suo immanente rapporto con una legge superiore, con una Volontà obiettiva che trascende l'individuo e lo eleva a membro consapevole di una società spirituale. Chi nella politica religiosa del regime fascista si è fermato a considerazioni di mera opportunità, non ha inteso che il fascismo, oltre a essere un sistema di governo, è anche, e prima di tutto, un sistema di pensiero.

VI

Il fascismo è una concezione storica, nella quale l'uomo non è quello che è se non in funzione del processo spirituale a cui concorre, nel gruppo familiare e sociale, nella nazione e nella storia, a cui tutte le nazioni collaborano. Donde il gran valore della tradizione nelle memorie, nella lingua, nei costumi, nelle norme del vivere sociale. Fuori della storia l'uomo è nulla. Perciò il fascismo è contro tutte le astrazioni individualistiche, a base materialistica, tipo sec. XVIII; ed è contro tutte le utopie e le innovazioni giacobine. Esso non crede possibile la «felicità» sulla terra come fu nel desiderio della letteratura economicistica del `700, e quindi respinge tutte le concezioni teleologiche per cui a un certo periodo della storia ci sarebbe una sistemazione definitiva del genere umano. Questo significa mettersi fuori della storia e della vita che è continuo fluire e divenire. Il fascismo politicamente vuol essere una dottrina realistica; praticamente, aspira a risolvere solo i problemi che si pongono storicamente da sé e che da sé trovano o suggeriscono la propria soluzione. Per agire tra gli uomini, come nella natura, bisogna entrare nel processo della realtà e impadronirsi delle forze in atto.

VII

Anti individualistica, la concezione fascista è per lo Stato; ed è per l'individuo in quanto esso coincide con lo Stato, coscienza e volontà universale dell'uomo nella sua esistenza storica. E' contro il liberalismo classico, che sorse dal bisogno di reagire all'assolutismo e ha esaurito la sua funzione storica da quando lo Stato si è trasformato nella stessa coscienza e volontà popolare. Il liberalismo negava lo Stato nell'interesse dell'individuo; il fascismo riafferma lo Stato come la realtà vera dell'individuo. E se la libertà dev'essere l'attributo dell'uomo reale, e non di quell'astratto fantoccio a cui pensava il liberalismo individualistico, il fascismo è per la libertà. È per la sola libertà che possa essere una cosa seria, la libertà dello Stato e dell'individuo nello Stato. Giacché, per il fascista, tutto è nello Stato, e nulla di umano o spirituale esiste, e tanto meno ha valore, fuori dello Stato. In tal senso il fascismo è totalitario, e lo Stato fascista, sintesi e unità di ogni valore, interpreta, sviluppa e potenzia tutta la vita del popolo.

VIII

Né individui fuori dello Stato, né gruppi (partiti politici, associazioni, sindacati, classi). Perciò il fascismo è contro il socialismo che irrigidisce il movimento storico nella lotta di classe e ignora l'unità statale che fonde le classi in una sola realtà economica e morale; e analogamente, è contro il sindacalismo classista. Ma nell'orbita dello Stato ordinatore, le reali esigenze da cui trasse origine il movimento socialista e sindacalista, il fascismo le vuole riconosciute e le fa valere nel sistema corporativo degli interessi conciliati nell'unità dello Stato.

IX

Gli individui sono classi secondo le categorie degli interessi; sono sindacati secondo le differenziate attività economiche cointeressate; ma sono prima di tutto e soprattutto Stato. Il quale non è numero, come somma d'individui formanti la maggioranza di un popolo. E perciò il fascismo è contro la democrazia che ragguaglia il popolo al maggior numero abbassandolo al livello dei più; ma è la forma più schietta di democrazia se il popolo è concepito, come dev'essere, qualitativamente e non quantitativamente, come l'idea più potente perché più morale, più coerente, più vera, che nel popolo si attua quale coscienza e volontà di pochi, anzi di Uno, e quale ideale tende ad attuarsi nella coscienza e volontà di tutti. Di tutti coloro che dalla natura e dalla storia, etnicamente, traggono ragione di formare una nazione, avviati sopra la stessa linea di sviluppo e formazione spirituale, come una coscienza e una volontà sola. Non razza, nè regione geograficamente individuata, ma generazione storicamente perpetuantesi, moltitudine unificata da un'idea, che è volontà di esistenza e di potenza: coscienza di sé, personalità.

X

Questa personalità superiore è bensì nazione in quanto è Stato. Non è la nazione a generare lo Stato, secondo l'obsoleto concetto naturalistico che servì di base alla pubblicistica degli Stati nazionali nel secolo XIX. Anzi la nazione è creata dallo Stato, che dà al popolo, consapevole della propria unità morale, una volontà, e quindi un'effettiva esistenza. Il diritto di una nazione all'indipendenza deriva non da una letteraria e ideale coscienza del proprio essere, e tanto meno da una situazione di fatto più o meno inconsapevole e inerte, ma da una coscienza attiva, da una volontà politica in atto e disposta a dimostrare il proprio diritto: cioè, da una sorta di Stato già in divenire. Lo Stato infatti, come volontà etica universale, è creatore del diritto.

XI

La nazione come Stato è una realtà etica che esiste e vive in quanto si sviluppa. Il suo arresto è la sua morte. Perciò lo Stato non solo è autorità che governa e dà forma di legge e valore di vita spirituale alle volontà individuali, ma è anche potenza che fa valere la sua volontà all'esterno, facendola riconoscere e rispettare, ossia dimostrandone col fatto l'universalità in tutte le determinazioni necessarie del suo svolgimento. È perciò organizzazione ed espansione, almeno virtuale. Cosi può adeguarsi alla natura dell'umana volontà, che nel suo sviluppo non conosce barriere, e che si realizza provando la propria infinità.

XII

Lo Stato fascista, forma più alta e potente della personalità, è forza, ma spirituale. La quale riassume tutte le forme della vita morale e intellettuale dell'uomo. Non si può quindi limitare a semplici funzioni di ordine e tutela, come voleva il liberalismo. Non è un semplice meccanismo che limiti la sfera delle presunte libertà individuali. È forma e norma interiore, disciplina di tutta la persona; penetra la volontà come l'intelligenza. Il suo principio, ispirazione centrale dell'umana personalità vivente nella comunità civile, scende nel profondo e si annida nel cuore dell'uomo d'azione come del pensatore, dell'artista come dello scienziato: anima dell'anima.

XIII

Il fascismo insomma non è soltanto datore di leggi e fondatore d'istituti, ma educatore e promotore di vita spirituale. Vuol rifare non le forme della vita umana, ma il contenuto, l'uomo, il carattere, la fede. E a questo fine vuole disciplina e autorità che scenda dentro gli spiriti, e vi domini incontrastata. La sua insegna perciò è il fascio littorio, simbolo dell'unità, della forza e della giustizia.

DOTTRINA POLITICA E SOCIALE

I

Quando, nell'ormai lontano marzo del 1919, dalle colonne del *Popolo d'Italia* convocai a Milano i superstiti interventisti-intervenuti, che mi avevano seguito sin dalla costituzione dei Fasci d'azione rivoluzionaria, avvenuta nel gennaio del 1915, non c'era nessuno specifico piano dottrinale nel mio spirito. Di una sola dottrina recavo l'esperienza vissuta: quella del socialismo dal 1903-04 sino all'inverno del 1914: circa un decennio. Esperienza di gregario e di capo, ma non esperienza dottrinale. La mia dottrina, anche in quel periodo, era stata la dottrina dell'azione. Una dottrina univoca e universalmente accettata del socialismo, non esisteva più sin dal 1905, quando cominciò in Germania il movimento revisionista facente capo a Eduard Bernstein e per contro si formò, nell'altalena delle tendenze, un movimento di sinistra rivoluzionario, che in Italia non uscì mai dal campo delle frasi, mentre, nel socialismo russo, fu il preludio del bolscevismo. Riformismo, rivoluzionarismo, centrismo, di questa terminologia anche gli echi sono spenti, mentre nel grande fiume del fascismo troverete i filoni che si dipartirono da Georges Sorel, da Hubert Lagardelle del *Mouvement Socialiste*, da Charles Péguy, e dalla coorte dei sindacalisti italiani, che tra il 1904 e il 1914 portarono una nota di novità nell'ambiente socialista italiano, già svirilizzato e cloroformizzato dalla fornicazione giolittiana, con le *Pagine libere* di Olivetti, *La Lupa* di Orano, il *Divenire sociale* di Enrico Leone. Nel 1919, finita la guerra, il socialismo era già morto come dottrina: esisteva solo come rancore, aveva ancora una sola possibilità, specialmente in Italia, la rappresaglia contro coloro che avevano voluto la guerra e che dovevano espiarla. Il *Popolo d'Italia* recava nel sottotitolo «quotidiano dei combattenti e dei produttori». La parola «produttori» era già l'espressione di un indirizzo mentale. Il fascismo non fu tenuto a balia da una dottrina elaborata in precedenza, a tavolino: nacque da un bisogno di azione e fu azione; non fu partito, ma, nei primi due anni, antipartito e movimento. Il nome che io diedi all'organizzazione, ne fissava i caratteri. Eppure chi rilegga, nei fogli ormai sgualciti dell'epoca, il resoconto dell'adunata costitutiva dei Fasci italiani di combattimento, non troverà una dottrina, ma una serie di spunti, di anticipazioni, di accenni, che, liberati dall'inevitabile ganga delle contingenze, dovevano poi, dopo alcuni anni, svilupparsi in una serie di posizioni dottrinali, che facevano del fascismo una dottrina politica a sé stante, in confronto di tutte le altre, passate e contemporanee. «Se la borghesia, dicevo allora, crede di trovare in noi dei parafulmini si inganna. Noi dobbiamo andare incontro al lavoro... Vogliamo abituare le classi operaie alla capacità direttiva, anche per convincerle che non è facile mandare avanti una industria o un commercio... Combatteremo il retroguardismo tecnico e spirituale... Aperta la successione del regime noi non dobbiamo essere degli imbelli. Dobbiamo correre; se il regime sarà superato saremo noi che dovremo occupare il suo posto. Il diritto di successione ci viene perché spingemmo il paese alla guerra e lo conducemmo alla vittoria. L'attuale rappresentanza politica non ci può bastare, vogliamo una rappresentanza diretta dei singoli interessi... Si potrebbe dire contro questo programma che si ritorna alle corporazioni. Non importa!... Vorrei perciò che l'assemblea accettasse le rivendicazioni del sindacalismo nazionale dal punto di vista economico»... Non è singolare che sin dalla prima giornata di Piazza San Sepolcro risuoni la parola «corporazione» che doveva, nel corso della Rivoluzione, significare una delle creazioni legislative e sociali alla base del regime?

II

Gli anni che precedettero la marcia su Roma, furono anni durante i quali le necessità dell'azione non tollerarono indagini o complete elaborazioni dottrinali. Si battagliava nelle città e nei villaggi. Si discuteva, ma quel ch'è più sacro e importante, si moriva. Si sapeva morire. La dottrina bell'e formata, con divisione di capitoli e paragrafi e contorno di elucubrazioni, poteva mancare; ma c'era a sostituirla qualcosa di più decisivo: la fede. Purtuttavia, a chi rimemori sulla scorta dei libri, degli articoli, dei voti dei congressi, dei discorsi maggiori e minori, chi sappia indagare e scegliere, troverà che i fondamenti della dottrina furono gettati mentre infuriava la battaglia. È precisamente in quegli anni che anche il pensiero fascista si arma, si raffina, procede verso una sua organizzazione. I problemi dell'individuo e dello Stato; i problemi dell'autorità e della libertà; i problemi politici e sociali e quelli più specificatamente nazionali; la lotta contro le dottrine liberali, democratiche, socialistiche, massoniche, popolaresche fu condotta contemporaneamente alle «spedizioni punitive». Ma poiché mancò il «sistema» si negò dagli avversari in malafede al fascismo ogni capacità di dottrina, mentre la dottrina veniva sorgendo, sia pure tumultuosamente dapprima sotto l'aspetto di una negazione violenta e dogmatica come accade di tutte le idee che esordiscono, poi sotto l'aspetto positivo di una costruzione che trovava, successivamente negli anni 1926, `27 e `28, la sua realizzazione nelle leggi e negli istituti del regime. Il fascismo è oggi nettamente individuato non solo come regime ma come dottrina. Questa parola va interpretata nel senso che oggi il fascismo esercitando la sua critica su se stesso e sugli altri, ha un suo proprio inconfondibile punto di vista, di riferimento e quindi di direzione, dinnanzi a tutti i problemi che angustiano, nelle cose o nelle intelligenze, i popoli del mondo.

III

Anzitutto il fascismo, per quanto riguarda, in generale, l'avvenire e lo sviluppo dell'umanità, e a parte ogni considerazione di politica attuale, non crede alla possibilità né all'utilità della pace perpetua. Respinge quindi il pacifismo che nasconde una rinuncia alla lotta e una viltà di fronte al sacrificio. Solo la guerra porta alla massima tensione tutte le energie umane e imprime un sigillo di nobiltà ai popoli che hanno la virtù di affrontarla. Tutte le altre prove sono dei sostituti, che non pongono mai l'uomo di fronte a se stesso, nell'alternativa della vita e della morte.

Una dottrina, quindi, che parta dal postulato pregiudiziale della pace, è estranea al fascismo così come estranee allo spirito del fascismo, anche se accettate per quel tanto di utilità che possano avere in determinate situazioni politiche, sono tutte le costruzioni internazionalistiche e societarie, le quali, come la storia dimostra, si possono disperdere al vento quando elementi sentimentali, ideali e pratici muovono a tempesta il cuore dei popoli

Questo spirito anti-pacifista, il fascismo lo trasporta anche nella vita degli individui. L'orgoglioso motto squadrista «me ne frego», scritto sulle bende di una ferita, è un atto di filosofia non soltanto stoica, è il sunto di una dottrina non soltanto politica: è l'educazione al combattimento, l'accettazione dei rischi che esso comporta; è un nuovo stile di vita italiano. Così il fascista accetta, ama la vita, ignora e ritiene vile il suicidio; comprende la vita come dovere, elevazione, conquista: la vita che deve essere alta e piena: vissuta per sè, ma soprattutto per gli altri, vicini e lontani, presenti e futuri.

IV

La politica demografica del regime è la conseguenza di queste premesse. Anche il fascista ama infatti il suo prossimo, ma questo prossimo non è per lui un concetto vago e inafferrabile: l'amore per il prossimo non impedisce le necessarie educatrici severità, e ancora meno le differenziazioni e le distanze. Il fascismo respinge gli abbracciamenti universali e, pur vivendo nella comunità dei popoli civili, li guarda vigilante e diffidente negli occhi, li segue nei loro stati d'animo e nella trasformazione dei loro interessi né si lascia ingannare da apparenze mutevoli e fallaci.

V

Una siffatta concezione della vita porta il fascismo a essere la negazione recisa di quella dottrina che costituì la base del socialismo cosiddetto scientifico o marxiano: la dottrina del materialismo storico secondo il quale la storia delle civiltà umane si spiegherebbe soltanto con la lotta d'interessi fra i diversi gruppi sociali e col cambiamento dei mezzi e strumenti di produzione. Che le vicende dell'economia come le scoperte di materie prime, nuovi metodi di lavoro, invenzioni scientifiche abbiano una loro importanza, nessuno nega; ma che esse bastino a spiegare la storia umana escludendone tutti gli altri fattori, è assurdo: il fascismo crede ancora e sempre nella santità e nell'eroismo, cioè in atti nei quali nessun motivo economico, lontano o vicino, agisce. Negato il materialismo storico, per cui gli uomini non sarebbero che comparse della storia, che appaiono e scompaiono alla superficie dei flutti, mentre nel profondo si agitano e lavorano le vere forze direttrici, è negata anche la lotta di classe, immutabile e irreparabile, che di questa concezione economicistica della storia è la naturale figliazione, e soprattutto è negato che la lotta di classe sia l'agente preponderante delle trasformazioni sociali. Colpito il socialismo in questi due capisaldi della sua dottrina, di esso non resta allora che l'aspirazione sentimentale, antica come l'umanità, a una convivenza sociale nella quale siano alleviate le sofferenze e i dolori della più umile gente. Ma qui il fascismo respinge il concetto di «felicità» economica, che si realizzerebbe socialisticamente e quasi automaticamente a un dato momento dell'evoluzione dell'economia, con l'assicurare a tutti il massimo benessere. Il fascismo nega il concetto materialistico di «felicità» come possibile e lo abbandona agli economisti della prima metà del `700; nega cioè l'equazione benessere=felicità che convertirebbe gli uomini in animali di una cosa sola pensosi: quella di essere pasciuti e ingrassati, ridotti, quindi, alla pura e semplice vita vegetativa.

VI

Dopo il socialismo, il fascismo batte in breccia tutto il complesso delle ideologie democratiche e le respinge, sia nelle loro premesse teoriche, sia nelle loro applicazioni o strumentazioni pratiche. Il fascismo nega che il numero, per il semplice fatto di essere numero, possa dirigere le società umane; nega che questo numero possa governare attraverso una consultazione periodica; afferma la disuguaglianza irrimediabile e feconda e benefica degli uomini che non si possono livellare attraverso un fatto meccanico ed estrinseco com'è il suffragio universale. Regimi democratici possono essere definiti quelli nei quali, di tanto in tanto, si dà al popolo l'illusione di essere sovrano, mentre la vera effettiva sovranità sta in altre forze talora irresponsabili e segrete. La democrazia è un regime senza re, ma con moltissimi re talora più esclusivi, tirannici e rovinosi che un solo re che sia tiranno. Questo spiega perché il fascismo, pur avendo prima del 1922 per ragioni di contingenza assunto un atteggiamento di tendenzialità repubblicana, vi rinunciò prima della marcia su Roma, convinto che la questione delle forme politiche di uno Stato non è, oggi, preminente e che studiando nel campionario delle monarchie passate e presenti, delle repubbliche passate e presenti, risulta che monarchia e repubblica non sono da giudicare sotto la specie dell'eternità, ma rappresentano forme nelle quali si estrinseca l'evoluzione politica, la storia, la tradizione, la psicologia di un determinato paese. Ora il fascismo supera l'antitesi monarchia-repubblica sulla quale si attardò il democraticismo, caricando la prima di tutte le insufficienze, e apologizzando l'ultima come regime di perfezione. Ora s'è visto che ci sono repubbliche intimamente reazionarie o assolutistiche, e monarchie che accolgono le più ardite esperienze politiche e sociali.

VII

«La ragione, la scienza - diceva Ernest Renan, che ebbe delle illuminazioni prefasciste, in una delle sue Meditazioni filosofiche - sono dei prodotti dell'umanità, ma volere la ragione direttamente per il popolo e attraverso il popolo è una chimera. Non è necessario per l'esistenza della ragione che tutto il mondo la conosca. In ogni caso se tale iniziazione dovesse farsi non si farebbe attraverso la bassa democrazia, che sembra dover condurre all'estinzione di ogni cultura difficile, e di ogni più alta disciplina. Il principio che la società esiste solo per il benessere e la libertà degli individui che la compongono non sembra essere conforme ai piani della natura, piani nei quali la specie sola è presa in considerazione e l'individuo sembra sacrificato. È da temere fortemente che l'ultima parola della democrazia così intesa (mi affretto a dire che si può intendere anche diversamente) non sia uno stato sociale nel quale una massa degenerata non avrebbe altra preoccupazione che godere i piaceri ignobili dell'uomo volgare». Fin qui Renan. Il fascismo respinge nella democrazia l'assurda menzogna convenzionale dell'egualitarismo politico e l'abito dell'irresponsabilità collettiva e il mito della felicità e del progresso indefinito. Ma, se la democrazia può essere diversamente intesa, cioè se democrazia significa non respingere il popolo ai margini dello Stato, il fascismo poté da chi scrive essere definito una «democrazia organizzata, centralizzata, autoritaria».

VIII

Di fronte alle dottrine liberali, il fascismo è in atteggiamento di assoluta opposizione, sia nel campo della politica sia in quello dell'economia. Non bisogna esagerare, a scopi semplicemente di polemica attuale, l'importanza del liberalismo nel secolo scorso, e fare di quella che fu una delle numerose dottrine sbocciate in quel secolo, una religione dell'umanità per tutti i tempi presenti e futuri. Il liberalismo non fiorì che per un quindicennio. Nacque nel 1830 come reazione alla Santa Alleanza che voleva respingere l'Europa al pre-'89, ed ebbe il suo anno di splendore nel 1848 quando anche Pio IX fu liberale. Subito dopo cominciò la decadenza. Se il `48 fu un anno di luce e di poesia, il `49 fu un anno di tenebre e di tragedia. La repubblica di Roma fu uccisa da un'altra repubblica, quella di Francia. Nello stesso anno, Marx lanciava il vangelo della religione del socialismo, col famoso Manifesto dei comunisti. Nel 1851 Napoleone III fa il suo illiberale colpo di Stato e regna sulla Francia fino al 1870, quando fu rovesciato da un moto di popolo, ma in seguito a una disfatta militare fra le più grandi che conti la storia. Il vittorioso è Bismarck, il quale non seppe mai dove stesse di casa la religione della libertà e di quali profeti si servisse. È sintomatico che un popolo di alta civiltà, come il popolo tedesco, abbia ignorato in pieno, per tutto il sec. XIX, la religione della libertà. Non c'è che una parentesi. Rappresentata da quello che è stato chiamato il «ridicolo parlamento di Francoforte», che durò una stagione. La Germania ha raggiunto la sua unità nazionale al di fuori del liberalismo, contro il liberalismo, dottrina che sembra estranea all'anima tedesca, anima essenzialmente monarchica, mentre il liberalismo è l'anticamera storica e logica dell'anarchia. Le tappe dell'unità tedesca sono le tre guerre del `64, `66, `70, guidate da «liberali» come Moltke e Bismarck. Quanto all'unità italiana, il liberalismo vi ha avuto una parte assolutamente inferiore all'apporto dato da Mazzini e da Garibaldi che liberali non furono. Senza l'intervento dell'illiberale Napoleone, non avremmo avuto la Lombardia, e senza l'aiuto dell'illiberale Bismarck a Sadowa e a Sedan, molto probabilmente non avremmo avuto, nel `66, la Venezia; e nel 1870 non saremmo entrati a Roma. Dal 1870 al 1915, corre il periodo nel quale gli stessi sacerdoti del nuovo credo accusano il crepuscolo della loro religione: battuta in breccia dal decadentismo nella letteratura, dall'attivismo nella pratica. Attivismo: cioè nazionalismo, futurismo, fascismo. Il secolo «liberale» dopo aver accumulato un'infinità di nodi gordiani, cerca di scioglierli con l'ecatombe della guerra mondiale. Mai nessuna religione impose così immane sacrificio. Gli dei del liberalismo avevano sete di sangue? Ora il liberalismo sta per chiudere le porte dei suoi templi deserti perché i popoli sentono che il suo agnosticismo nell'economia, il suo indifferentismo nella politica e nella morale condurrebbe, come ha condotto, a sicura rovina gli Stati. Si spiega con ciò che tutte le esperienze politiche del mondo contemporaneo sono antiliberali ed è supremamente ridicolo volerle perciò classificare fuori della storia; come se la storia fosse una bandita di caccia riservata al liberalismo e ai suoi professori, come se il liberalismo fosse la parola definitiva e non più superabile della civiltà.

IX

Le negazioni fasciste del socialismo, della democrazia, del liberalismo, non devono tuttavia far credere che il fascismo voglia respingere il mondo a quello che era prima di quel 1789, che viene indicato come l'anno di apertura del secolo demo-liberale. Non si torna indietro. La dottrina fascista non ha eletto a suo profeta De Maistre. L'assolutismo monarchico *fu*, e così pure ogni ecclesiolatria. E così *furono* i privilegi feudali e la divisione in caste impenetrabili e non comunicabili fra di loro.

Il concetto di autorità fascista non ha niente a che vedere con lo stato di polizia. Un partito che governa totalitariamente una nazione, è un fatto nuovo nella storia. Non sono possibili riferimenti e confronti. Il fascismo dalle macerie delle dottrine liberali, socialistiche, democratiche, trae quegli elementi che hanno ancora un valore di vita. Mantiene quelli che si potrebbero dire i fatti acquisiti della storia, respinge tutto il resto, cioè il concetto di una dottrina buona per tutti i tempi e per tutti i popoli. Ammesso che il sec. XIX sia stato il secolo del socialismo, del liberalismo, della democrazia, non è detto che anche il sec. XX debba essere il secolo del socialismo, del liberalismo, della democrazia. Le dottrine politiche passano, i popoli restano. Si può pensare che questo sia il secolo dell'autorità, un secolo di destra, un secolo fascista; se il XIX fu il secolo dell'individuo (liberalismo significa individualismo), si può pensare che questo sia il secolo collettivo e quindi il secolo dello Stato. Che una nuova dottrina possa utilizzare gli elementi ancora vitali di altre dottrine è perfettamente logico. Nessuna dottrina nacque tutta nuova, lucente, mai vista. Nessuna dottrina può vantare una originalità assoluta. Essa è legata, non fosse che storicamente, alle altre dottrine che furono, alle altre dottrine che saranno. Così il socialismo scientifico di Marx è legato al socialismo utopistico dei Fourier, degli Owen, dei Saint-Simon; così il liberalismo dell'800 si riattacca a tutto il movimento illuministico del `700. Così le dottrine democratiche sono legate all'Enciclopedia. Ogni dottrina tende a indirizzare l'attività degli uomini verso un determinato obiettivo; ma l'attività degli uomini reagisce sulla dottrina, la trasforma, l'adatta alle nuove necessità o la supera. La dottrina quindi, dev'essere essa stessa non un'esercitazione di parole, ma un atto di vita. In ciò le venature pragmatistiche del fascismo, la sua volontà di potenza, il suo volere essere, la sua posizione di fronte al fatto «violenza» e al suo valore.

X

Caposaldo della dottrina fascista è la concezione dello Stato, della sua essenza, dei suoi compiti, delle sue finalità. Per il fascismo lo Stato è un assoluto, davanti al quale individui e gruppi sono il relativo. Individui e gruppi sono «pensabili» in quanto siano nello Stato. Lo Stato liberale non dirige il gioco e lo sviluppo materiale e spirituale delle collettività, ma si limita a registrare i risultati; lo Stato fascista ha una sua consapevolezza, una sua volontà, per questo si chiama uno Stato «etico».

Nel 1929 alla prima assemblea quinquennale del regime io dicevo: «Per il fascismo lo Stato non è il guardiano notturno che si occupa soltanto della sicurezza personale dei cittadini; non è nemmeno una organizzazione a fini puramente materiali, come quello di garantire un certo benessere e una relativa pacifica convivenza sociale, nel qual caso a realizzarlo basterebbe un consiglio di amministrazione; non è nemmeno una creazione di politica pura, senza aderenze con la realtà materiale e complessa della vita dei singoli e di quella dei popoli. Lo Stato così come il fascismo lo concepisce e attua è un fatto spirituale e morale, poiché concreta l'organizzazione politica, giuridica, economica della nazione, e tale organizzazione è, nel suo sorgere e nel suo sviluppo, una manifestazione dello spirito. Lo Stato è garante della sicurezza interna ed esterna, ma è anche il custode e il trasmettitore dello spirito del popolo così come fu nei secoli elaborato nella lingua, nel costume, nella fede. Lo Stato non è soltanto presente, ma è anche passato e soprattutto futuro. È lo Stato che trascendendo il limite breve delle vite individuali rappresenta la coscienza immanente della nazione. Le forme in cui gli Stati si esprimono, mutano, ma la necessità rimane. È lo Stato che educa i cittadini alla virtù civile, li rende consapevoli della loro missione, li sollecita all'unità; armonizza i loro interessi nella giustizia; tramanda le conquiste del pensiero nelle scienze, nelle arti, nel diritto, nell'umana solidarietà; porta gli uomini dalla vita elementare della tribù alla più alta espressione umana di potenza che è l'impero; affida ai secoli i nomi di coloro che morirono per la sua integrità o per obbedire alle sue leggi; addita come esempio e raccomanda alle generazioni che verranno, i capitani che lo accrebbero di territorio e i genii che lo illuminarono di gloria. Quando declina il senso dello Stato e prevalgono le tendenze dissociatrici e centrifughe degli individui o dei gruppi, le società nazionali volgono al tramonto».

XI

Dal 1929 a oggi, l'evoluzione economica politica universale ha ancora rafforzato queste posizioni dottrinali. Chi giganteggia è lo Stato. Chi può risolvere le drammatiche contraddizioni del capitalismo è lo Stato. Quella che si chiama crisi, non si può risolvere se non dallo Stato, entro lo Stato. Dove sono le ombre dei Jules Simon, che agli albori del liberalismo proclamavano che «lo Stato deve lavorare a rendersi inutile e a preparare le sue dimissioni»? Dei Mac Culloch, che nella seconda metà del secolo scorso affermavano che lo Stato deve astenersi dal troppo governare? E che cosa direbbe mai dinnanzi ai continui, sollecitati, inevitabili interventi dello Stato nelle vicende economiche, Jeremy Bentham, secondo il quale l'industria avrebbe dovuto chiedere allo Stato soltanto di essere lasciata in pace, o il tedesco Humboldt, secondo il quale lo Stato «ozioso» doveva essere considerato il migliore? Vero è che la seconda ondata degli economisti liberali fu meno estremista della prima e già lo stesso Adam Smith apriva (sia pure cautamente) la porta agli interventi dello Stato nell'economia. Se chi dice liberalismo dice individuo, chi dice fascismo dice Stato. Ma lo Stato fascista è unico ed è una creazione originale. Non è reazionario, ma rivoluzionario, in quanto anticipa le soluzioni di determinati problemi universali quali sono posti altrove nel campo politico dal frazionamento dei partiti, dal prepotere del parlamentarismo, dall'irresponsabilità delle assemblee; nel campo economico dalle funzioni sindacali sempre più numerose e potenti sia nel settore operaio come in quello industriale, dai loro conflitti e dalle loro intese; nel campo morale dalla necessità dell'ordine, della disciplina, dell'obbedienza a quelli che sono i dettami morali della patria. Il fascismo vuole lo Stato forte, organico e al tempo stesso poggiato su una larga base popolare. Lo Stato fascista ha rivendicato a sé anche il campo dell'economia e, attraverso le istituzioni corporative, sociali, educative da lui create, il senso dello Stato arriva sino alle estreme propaggini, e nello Stato circolano, inquadrate nelle rispettive organizzazioni, tutte le forze politiche, economiche, spirituali della nazione. Uno Stato che poggia su milioni d'individui che lo riconoscono, lo sentono, sono pronti a servirlo, non è lo Stato tirannico del signore medievale. Non ha niente di comune con gli Stati assolutistici di prima o dopo l'89. L'individuo nello Stato fascista non è annullato, ma piuttosto moltiplicato, così come in un reggimento un soldato non è diminuito, ma moltiplicato per il numero dei suoi camerati. Lo Stato fascista organizza la nazione, ma lascia poi agli individui margini sufficienti; esso ha limitato le libertà inutili o nocive e ha conservato quelle essenziali. Chi giudica su questo terreno non può essere l'individuo, ma soltanto lo Stato.

XII

Lo Stato fascista non rimane indifferente di fronte al fatto religioso in genere e a quella particolare religione positiva che è il cattolicismo italiano. Lo Stato non ha una teologia, ma ha una morale. Nello Stato fascista la religione viene considerata come una delle manifestazioni più profonde dello spirito; non viene, quindi, soltanto rispettata, ma difesa e protetta. Lo Stato fascista non crea un suo Dio così come volle fare a un certo momento, nei deliri estremi della Convenzione, Robespierre; né cerca vanamente di cancellarlo dagli animi come fa il bolscevismo; il fascismo rispetta il Dio degli asceti, dei santi, degli eroi e anche il Dio così come visto e pregato dal cuore ingenuo e primitivo del popolo.

XIII

Lo Stato fascista è una volontà di potenza e d'imperio. La tradizione romana è qui un'idea di forza. Nella dottrina del fascismo l'impero non è soltanto un'espressione territoriale o militare o mercantile, ma spirituale o morale. Si può pensare a un impero, cioè a una nazione che direttamente o indirettamente guida altre nazioni, senza bisogno di conquistare un solo chilometro quadrato di territorio. Per il fascismo la tendenza all'impero, cioè all'espansione delle nazioni, è una manifestazione di vitalità; il suo contrario, o il piede di casa, è un segno di decadenza: popoli che sorgono o risorgono sono imperialisti, popoli che muoiono sono rinunciatari. Il fascismo è la dottrina più adeguata a rappresentare le tendenze, gli stati d'animo di un popolo come l'italiano che risorge dopo molti secoli di abbandono o di servitù straniera. Ma l'impero chiede disciplina, coordinazione degli sforzi, dovere e sacrificio; questo spiega molti aspetti dell'azione pratica del regime e l'indirizzo di molte forze dello Stato e la severità necessaria contro coloro che vorrebbero opporsi a questo moto spontaneo e fatale dell'Italia nel secolo XX, e opporsi agitando le ideologie superate del secolo XIX, ripudiate dovunque si siano osati grandi esperimenti di trasformazioni politiche e sociali: non mai come in questo momento i popoli hanno avuto sete di autorità, di direttive, di ordine. Se ogni secolo ha una sua dottrina, da mille indizi appare che quella del secolo attuale è il fascismo. Che sia una dottrina di vita, lo mostra il fatto che ha suscitato una fede: che la fede abbia conquistato le anime, lo dimostra il fatto che il fascismo ha avuto i suoi caduti e i suoi martiri. Il fascismo ha oramai nel mondo l'universalità di tutte le dottrine che, realizzandosi, rappresentano un momento nella storia dello spirito umano.

.

CPSIA information can be obtained
at www.ICGtesting.com
Printed in the USA
LVHW011607190719
624657LV00009B/296

9 781388 201128